ICDL 项目策划

课程大纲 1.0

学习材料（MS Project 2013）

ICDL 基金会　著

ICDL 亚　洲　译

东南大学出版社
SOUTHEAST UNIVERSITY PRESS
·南京·

图书在版编目(CIP)数据

ICDL 项目策划/爱尔兰 ICDL 基金会著;ICDL 亚洲译.—南京:东南大学出版社,2019.4
书名原文:Project planning
ISBN 978-7-5641-8350-9

Ⅰ.①I… Ⅱ.①爱… ②I… Ⅲ.①项目管理—教材 Ⅳ.①F224.5

中国版本图书馆 CIP 数据核字(2019)第 060882 号

江苏省版权局著作权合同登记
图字:10-2019-049 号

ICDL 项目策划(ICDL Xiangmu Cehua)

出版发行:东南大学出版社
社　　址:南京市四牌楼 2 号　　邮　编:210096
网　　址:http://www.seupress.com
出 版 人:江建中
印　　刷:南京京新印刷有限公司
排　　版:南京月叶图文制作有限公司
开　　本:700 mm×1000 mm　1/16
印　　张:7.75
字　　数:154 千
版　　次:2019 年 4 月第 1 版
印　　次:2019 年 4 月第 1 次印刷
书　　号:ISBN 978-7-5641-8350-9
定　　价:45.00 元

经　　销:全国各地新华书店
发行热线:025-83790519　83791830

* 版权所有,侵权必究
* 凡购买东大版图书如有印装质量问题,请直接与营销部联系
　(电话:025-83791830)

说　　明

ICDL 基金会认证科目的出版物可用于帮助考生准备 ICDL 基金会认证的考试。ICDL 基金会不保证使用本出版物能确保考生通过 ICDL 基金会认证科目的考试。

本学习资料中包含的任何测试项目和（或）基于实际操作的练习仅与本出版物有关，不构成任何考试，也没有任何通过官方 ICDL 基金会认证测试以及其他方式能够获得认证。

使用本出版物的考生在参加 ICDL 基金会认证科目的考试之前必须通过各国授权考试中心进行注册。如果没有进行有效注册的考生，则不可以参加考试，并且也不会向其提供证书或任何其他形式的认可。

本出版物已获 Microsoft 许可使用屏幕截图。

European Computer Driving Licence，ECDL，International Computer Driving Licence，ICDL，e-Citizen 以及相关标志均是 The ICDL Foundation Limited 公司（ICDL 基金会）的注册商标。

前　　言

ICDL 项目策划

考生是否有使用项目策划应用程序的能力，并了解以有效方式进行的成功项目与未能实现目标的项目之间的区别。本书侧重于使用项目管理应用程序，允许准备项目策划和监控项目，包括规划和管理时间、成本、任务和资源。

完成本模块学习后，考生将具备以下能力：

- 了解有关管理项目的重点概念。
- 使用项目管理应用程序创建新项目并维护现有项目。
- 创建和调度任务，添加项目约束条件和最后期限。
- 分配成本，创建和分配资源到任务。
- 查看关键路径，监控进度并重新安排工作。
- 准备和打印输出，包括图表和报告。

学习本书的意义

在 ICDL 项目策划中，考生将学习与项目策划应用程序、术语和方法相关的关键技能，以及如何从始至终维护项目。使用项目策划应用程序是一种节省成本和时间的办法，可以提高成功完成项目的概率。一旦掌握了本书中的技能和知识，将极有可能通过 ICDL 项目策划的国际标准认证。

有关本书每个部分所涵盖的 ICDL 项目策划课程大纲的具体领域的详细信息，请参阅本书结尾的 ICDL 项目策划大纲图。

如何使用本书

本书涵盖 ICDL 项目策划课程的全部内容。它介绍了重要概念，列出了与应用程序不同特征相关的具体步骤，并有机会使用 Student 文件夹（扫描封底二维码获取）中的示例文件进行相关练习。为了方便多次练习，建议不要将更改保存到示例文件中。

目 录

第 1 课 项目基础 ··· 1
  1.1 项目和项目管理 ·································· 2
  1.2 项目管理应用程序 ································ 3
  1.3 项目管理应用程序的工具和特点 ···················· 3
  1.4 启动/结束 Microsoft Project 2013 ················ 5
  1.5 探索和使用新界面 ································ 6
  1.6 自定义快速访问工具栏 ···························· 8
  1.7 设置偏好 ······································· 10
  1.8 创建和保存新的项目 ····························· 11
  1.9 定义一个新的项目和项目信息 ····················· 13
  1.10 定义项目工作时间 ····························· 15
  1.11 增加一个非工作日 ····························· 16
  1.12 使用项目模板 ································· 18
  1.13 在项目视图中变更 ····························· 19
  1.14 使用放大/缩放工具 ···························· 20
  1.15 关闭一个项目 ································· 21
  1.16 复习及练习 ··································· 22

第 2 课 处理任务 ·· 23
  2.1 输入任务 ······································· 24
  2.2 编辑任务 ······································· 26
  2.3 拆分任务 ······································· 26
  2.4 进入一个里程碑 ································· 28
  2.5 进入一个复发性任务 ····························· 28
  2.6 查看和隐藏复发性任务 ··························· 29

2.7 编辑复发性任务 ··· 30
  2.8 分类和筛选任务 ··· 30
  2.9 多级取消 ··· 31
  2.10 理解任务工期 ·· 32
  2.11 复习及练习 ·· 34

第 3 课　组织任务 ··· 35
  3.1 插入一个新的任务 ······································· 36
  3.2 删除一个任务 ··· 37
  3.3 移动一个任务 ··· 37
  3.4 简单汇总数据——列出任务大纲 ··························· 37
  3.5 创建、修改和查看子任务和汇总任务 ······················· 38
  3.6 添加、编辑、删除任务的注释 ····························· 39
  3.7 创建一个项目汇总任务 ··································· 40
  3.8 查看 WBS 代码 ·· 41
  3.9 为另一个文件夹创建一个超链接 ··························· 42
  3.10 复习及练习 ·· 44

第 4 课　调度与链接任务 ······································· 45
  4.1 调度任务 ··· 46
  4.2 链接任务 ··· 47
  4.3 链接多个任务 ··· 49
  4.4 链接汇总任务 ··· 49
  4.5 变更任务关系——修改任务链接类型 ······················· 50
  4.6 删除一个任务链接 ······································· 50
  4.7 设置一个任务滞后 ······································· 51
  4.8 设置一个任务导线 ······································· 51
  4.9 应用、修改和删除约束 ··································· 52
  4.10 输入一个开始或完成日期 ································ 54
  4.11 设定一个截止日期 ······································ 55
  4.12 设置一个手动计划的任务 ································ 55
  4.13 确定关键任务 ·· 56

4.14	滚动甘特图到汇总条	57
4.15	管理网络示意图视图	58
4.16	复习及练习	60

第5课　使用资源　61

5.1	创建工作、材料和成本资源	62
5.2	变更资源工作时间	63
5.3	为任务布置资源	65
5.4	为多个任务布置单个资源的多种方法	66
5.5	在资源名称列中输入数据	67
5.6	为单个任务分配材料资源	68
5.7	为单个任务分配成本资源	68
5.8	为单个任务添加更多资源	69
5.9	其他资源分配方法	69
5.10	删除资源分配	70
5.11	查看分配信息	71
5.12	复习及练习	72

第6课　分配成本　74

6.1	定义成本	75
6.2	分配标准费率	76
6.3	查看资源成本	77
6.4	查看任务成本	79
6.5	为单个任务分配固定成本	81
6.6	为单个任务分配成本资源	82
6.7	重新计划未完成的工作	83
6.8	复习及练习	84

第7课　处理项目基线　85

7.1	使用项目基线	86
7.2	保存项目基线	86
7.3	查看项目基线	88

- 7.4 更新项目基线 ····································· 90
- 7.5 清除项目基线 ····································· 91
- 7.6 显示当前的项目策划和基线 ························· 92
- 7.7 复习及练习 ······································· 93

第 8 课 跟踪项目进度 ····································· 94
- 8.1 设置跟踪项目 ····································· 95
- 8.2 使用完成百分比更新项目进度 ······················· 95
- 8.3 应用进度线 ······································· 96
- 8.4 复习及练习 ······································· 99

第 9 课 评估和分发数据 ·································· 100
- 9.1 创建报表 ·· 101
- 9.2 更改页面设置选项 ································ 103
- 9.3 打印报告 ·· 106
- 9.4 显示、隐藏完成的百分比 ·························· 107
- 9.5 按选项打印 ······································ 108
- 9.6 预览甘特图、网络示意图或报告 ···················· 110
- 9.7 复习及练习 ······································ 110

ICDL 教学大纲 ·· 111

第1课

项目基础

在本节中,考生将学会:
- 启动 Microsoft Project
- 使用界面
- 显示/隐藏工具栏
- 打开现有项目
- 使用项目指南
- 关闭项目
- 创建一个新的空白项目
- 定义新项目
- 定义项目工作时间
- 添加非工作日
- 更改项目信息
- 使用项目模板

1.1 项目和项目管理

💡 概念

任何具有多个步骤的活动都可以被认为是一个项目。项目一般限于一段时间,可能涉及与他人的合作,在大小和范围上都可能有所不同。如一个孩子的生日聚会和将人类送到月球都是项目,但是它们的特征却截然不同!

项目一般都有明确的目标——"举行好聚会"和"登月"就是两个目标。为了实现这些目标,项目需要以有条理的方式进行仔细的管理。

项目管理有三方面的主要内容:

1. **规划**——在项目启动之前,应该创建一个规划。它应该考虑到项目涉及的不同活动、项目需要的资源和人员以及与项目各阶段相关的时间表。
2. **计划管理**——一旦项目启动,需要对项目策划进行协调和监控,以确保项目进展顺利。
3. **沟通**——在项目实施之前、期间和之后,不仅涉及项目的人之间要进行沟通,而且与那些可能已经授权该项目或可能对项目的产出有所期待的人也要进行沟通。

项目管理的中心是不同需求的平衡。时间、成本和资源一般会成为"约束"条件,或成为一个项目的限制。在规划或执行项目时,可以通过增加一个功能来减少一个功能。例如,"工作"被认为是项目活动所占用的时间乘以资源单位,这意味着可以通过增加资源等来减少时间。

1.2 项目管理应用程序

💡 概念

在没有正式工具的帮助下进行简单的项目是可能的。但是,如果想要计划一个具有一系列活动和资源的相对复杂的项目,应该使用项目管理应用程序。项目管理应用程序(如 Microsoft Project 2013)可帮助规划、组织和管理项目。

项目管理应用程序有以下 4 个功能:

- **设计**——高效地设计项目策划。
- **维护**——在项目进行时更新计划以维护项目。
- **活动**——设置项目中任务之间的活动顺序和依赖关系,以及它们的持续时间。
- **报告**——创建输出,例如将项目进度报告给项目团队。

1.3 项目管理应用程序的工具和特点

💡 概念

项目管理应用程序具有与管理项目有关的一些关键特征。

- **甘特图**——是一个条形图类型,用来描述项目进度。包括整个项目以及单独任务的开始和结束日期。

- **工作分解结构**——此方法用于定义和分组项目的任务,以组织和定义项目的总体工作。

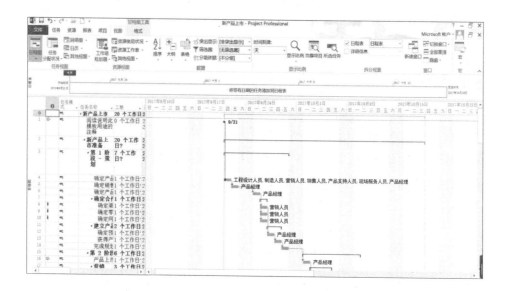

工作分解结构示例(左)和甘特图(右)

- **网络图**——是一个可视化流程图,用于分析和表示完成项目所涉及的任务。项目的要素按从左到右的顺序排列。

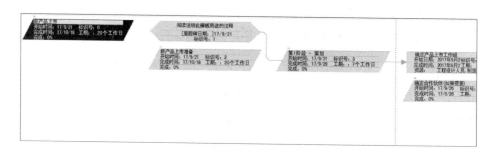

网络图示例

1.4 启动/结束 Microsoft Project 2013

概念

Microsoft Project 2013 是一个项目管理应用程序。它可用于计划项目、安排任务,并为其分配资源和成本。项目计划也可以进行调整,以实现项目的限制或约束。程序还可以监控项目的实际绩效,并向团队成员提供各种报告。

步骤

启动 Microsoft Project:

1. 单击"开始"菜单。
2. 选择"所有程序"。
3. 选择"**Microsoft Project 2013**"。

概念

有几种方法来关闭 Microsoft Project。如果未保存更改,系统将提示保存所有打开的文件。

退出项目:

- 单击 Project 2013 程序窗口右上角的"**关闭(×)**"按钮。
- 单击 Project 2013 程序窗口左上角的"**Project 2013**"图标,然后单击"**关闭**"命令。
- 按"**Alt +F4**"键。

步骤

1. 将光标移动到项目程序图标的左上角，然后单击项目图标。 弹出菜单，打开项目。 2. 选择"关闭"命令。 项目关闭。	单击 Project 2013 图标 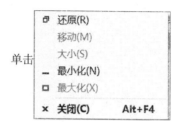 单击

1.5 探索和使用新界面

概念

Project 2013 使用功能区界面，其基于用户正在执行的工作类型来显示功能。不同的功能和选项在功能区的不同的选项卡组中。例如，"**文件**"选项卡包含与保存和打印文件有关的活动，而"**视图**"选项卡用于选择如何查看项目。

当光标移动到一个选项卡时，会弹出工具提示——提供有关按钮或控件的信息。

步骤

1. 单击"**文件**"选项卡。转到"**后台视图**"，其中列出了与管理文件相关的项目。"**后台视图**"包含与 MS Project 早期版本"**文件**"菜单中相同的基本命令，用于打开、保存和打印项目文件。

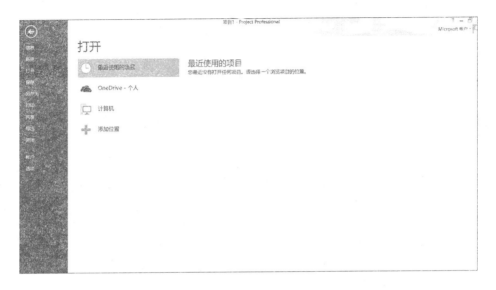

打开后台视图

2. 单击"**任务**"选项卡。此选项卡包含用于添加、设置格式和处理任务的选项。

"任务"选项卡

3. 单击"**资源**"选项卡。此选项卡包含管理正在执行项目中的工作的资源时可帮助您的选项。

"资源"选项卡

4. 单击"**项目**"选项卡。此选项卡包含与项目相关的选项,例如了解项目信息。

"项目"选项卡

5. 单击"视图"选项卡。此选项卡用于选择和自定义如何查看项目。

"视图"选项卡

6. 单击"格式"选项卡。此选项卡用于更改项目外观,例如文本和项目元素的显示方式。

"格式"选项卡

1.6 自定义快速访问工具栏

概念

快速访问工具栏是默认状态下位于功能区上方的可自定义工具栏。可以将常用命令图标添加到该工具栏中。它也可以放在功能按钮下面。

步骤

1. 单击"**文件**"选项卡。
2. 单击"**选项**",将打开"**Project 选项**"窗口。
3. 单击"**快速访问工具栏**"。
4. 从左侧的列表中选择一个命令,然后单击"**添加**"按钮即将该命令添加到快速访问工具栏。
5. 单击"**确定**"按钮。

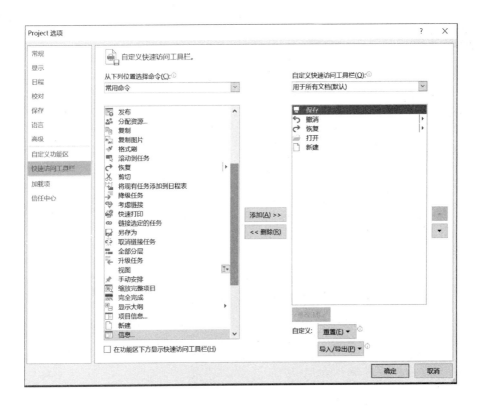

自定义快速访问工具栏

1.7 设置偏好

概念

项目选项用于在项目管理程序中设置各种首选项,例如默认项目视图、项目作者的默认名称以及打开和保存项目的默认文件夹。

步骤

1. 单击"**文件**"选项卡。
2. 单击"**选项**"按钮。
3. 单击"**常规**"选项。
4. 输入"**用户名**"和"**缩写**"。
5. 单击"**确定**"按钮。

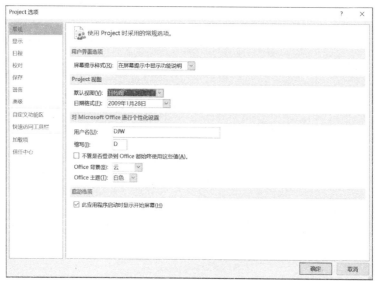

设置项目选项

1.8 创建和保存新的项目

概念

若要重新创建一个全新的项目,而不是基于现有模板或项目时,先要创建一个空白项目。应给空白项目命名,并选择保存的项目文件类型,可以是默认类型,也可以是其他类型。

步骤

创建一个空白项目:

1. 单击"**文件**"选项卡。
2. 单击"**新建**"按钮。
3. 单击"**空白项目**"图标。

基于模板创建项目:

1. 单击"**文件**"选项卡。
2. 单击"**新建**"按钮。
3. 单击"**我的模板**"。
4. 单击选择一个模板。
5. 单击"**确定**"按钮。

保存项目:

1. 单击"**文件**"选项卡。
2. 选择"**保存**"选项。
3. 在"**另存为**"对话框中,单击"**文件名**"框。

4. 输入"**项目 1**"。

5. 单击"**保存**"按钮。

6. 如果文件已存在,请选择覆盖保存。

若将项目保存到不同的位置

在"**另存为**"对话框左侧的导航窗格中,单击要保存项目的文件夹。在"**文件名**"框中输入"**文件的名称**",然后单击"**保存**"按钮。

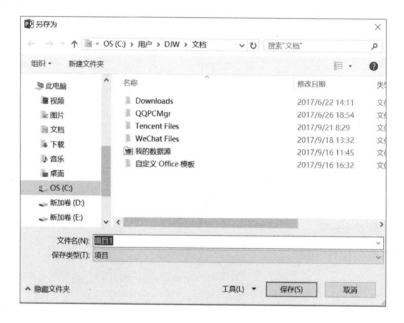

"另存为"对话框

将项目另存为另一种文件类型

在"**保存**"文件时还可以利用"**类型**":选项将项目文件保存为其他文件类型,如模板、网页、电子表格、CSV、XML、文本文件和 PDF。

提示:保存项目后,可用组合键"**Ctrl+S**"快速保存项目。要打开已保存的项目,可使用组合键"**Ctrl+O**"并选择相应的文件。

1.9 定义一个新的项目和项目信息

概念

Microsoft Project 计算项目结束时间使用的是关键路径方法(CPM)。关键路径只是确定项目进度表中完成日期的所有任务。如果其中一项任务迟到一天,那么您的项目结束日期将延长一天。通常,会有一些任务不在关键路径上,这是由项目进度缓慢造成的。

可由用户选择何时启动项目,并由 Microsoft Project 决定项目的结束时间。或者,由用户选择完成日期,Microsoft Project 将决定应该在什么时候开始这项目。

步骤

设置项目开始日期:

如有必要,打开"**项目 1**"。

1. 在"**项目**"选项卡上,单击"**属性**"组中的"**项目信息**"。
2. 在"**开始日期**"文本框中,输入"**4/7/2017**"或使用日期选择器输入日期。这是为了表明估计的项目开始日期。其余的文本框暂时不填。以后会再处理。
3. 在"**附表**"中:选择"**项目开始日期**"。
4. 在"**日历**"中:选择"**标准**"。
5. 单击"**确定**"按钮。

设置项目完成日期:

1. 在"**项目**"选项卡上,单击"**属性**"组中的"**项目信息**"。

2. 在"附表"中：选择"项目完成日期"。

3. 在"完成日期"文本框中，输入完成日期或使用日期选择器输入日期。这是为了表明估计的项目完成日期。其余的文本框暂时不填，以后会再处理。

4. 在"日历"中：选择"标准"。

5. 单击"确定"按钮。

设置基本项目信息：

1. 单击"文件"选项卡。

2. 选择"信息"按钮。

3. 在右侧选择"项目信息"。

4. 单击"高级属性"。

5. 出现"项目属性"对话框，可以在其中输入项目标题和项目管理器等信息。

"项目1属性"对话框

1.10 定义项目工作时间

概念

项目日历、资源日历和任务日历由基准日历定义,指定项目的标准工作时间和非工作时间,包括每个工作日的工作时间以及每周和任何假期中的工作日。项目中有三个默认的基准日历:

1. **标准**基准日历是项目的默认日历。它定义了一个普通的工作日时间表,为周一至周五,每天上午 8:00 至下午 5:00,每天上班时有一个小时的休息时间。
2. **24 小时**基准日历。它定义了一个没有非工作时间的 24 小时的工作时间表。这种类型的时间表通常比较机械。
3. **夜班**基准日历。它定义了一个工作时间表,为周一晚上到周六早上,每天晚上 11:00 至第二天上午 8:00,每晚夜班时有一个小时的休息时间。

步骤

标准基准日历——设置工作时间

1. 选择"项目"选项卡。单击"属性"组的"更改工作时间",打开"**更改工作时间**"窗口。
2. 从"日历:"下拉菜单中选择"**标准(项目日历)**"。
3. 选择"工作周"选项卡,然后选择"**默认**"。
4. 单击"详细信息"按钮打开"**默认**"窗口的**详细信息**,可以在此设置本周的工作时间。
5. 如果要使用"**选择日期**"框中的使用项目默认时间,请选择"**使用项目默认时**

间",然后单击"**确定**"按钮。

如果要将一天或多天设置为非工作日,请选择"**将日期设为非工作时间**"选项,从"**选择日期**"框中选择一天或多天,然后单击"**确定**"按钮。

如果要使一天或多天为不同的工作时间,请选择"**将日期设置为这些特定工作时间**"。从"**选择日期**"框中选择一天,指定工作时间,然后单击"**确定**"按钮。

夜班基准日历

1. 选择"**项目**"选项卡。单击"**属性**"组的"**更改工作时间**",打开"**更改工作时间**"窗口。
2. 从"**日历:**"下拉菜单中选择"**夜班**"。
3. 单击"**确定**"按钮。

24 小时基准日历

1. 选择"**项目**"选项卡。单击"**属性**"组的"**更改工作时间**",打开"**更改工作时间**"窗口。
2. 从"**日历:**"下拉菜单中选择"**24 小时**"。
3. 单击"**确定**"按钮。

1.11 增加一个非工作日

 步骤

1. 在"**项目**"选项卡中单击"**更改工作时间**"所在的"**属性**"组。
2. 在"**例外日期**"框中的"**名称**"列的第一行中输入"**Labor Day**",开始时间为"**1/

5/17"。

3. 输入其余的非工作日。

任务名称	工期	开始时间	完成时间
Labor Day	1 个工作日	2017年5月1日	2017年5月1日
National Day	1 个工作日	2017年10月1日	2017年10月1日
Christmas Day	1 个工作日	2017年12月25日	2017年12月25日

非工作日列表

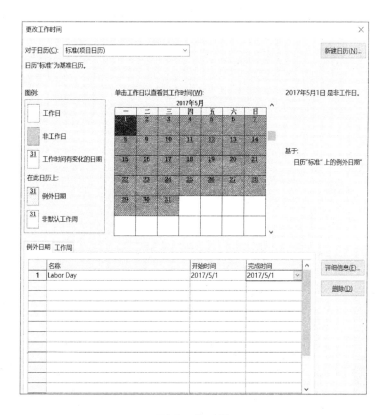

更改工作时间

4. 在"例外日期"框中单击"National Day(国庆节)"。单击详细信息按钮。在循环模式中,单击每年。

5. "复发范围"部分的"结束后"→"类型10"中,表示未来10年的异常重现。

6. 单击"确定"按钮。

1.12 使用项目模板

概念

项目管理软件提供了大量专门设计的模板供用户选择，以适合各种项目类型。例如，可以搜索出商业、建筑、营销、产品类别的模板。

步骤

1. 单击"**文件**"选项卡。
2. 单击"**新建**"按钮。
3. 选择一个模板。
4. 单击"**创建**"按钮。

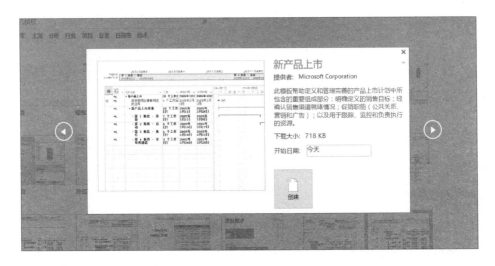

用模板创建一个新文件

1.13 在项目视图中变更

概念

甘特图视图是新项目的默认视图。界面左侧列出项目任务,界面右侧为甘特图,它显示持续时间信息,为条形图。

甘特图视图

Project 中的网络示意图视图以图形方式显示任务之间的依赖关系。一个框(也称为节点)表示一个任务,连接两个框的一行表示两个任务之间的依赖关系。可以使用网络示意图以视图形式快速创建新任务。可以在创建时就输入每个任务的名称和持续时间,也可以在稍后将信息添加到所有任务中。

网络示意图视图

步骤

在"**Student 文件夹**"中,打开"**AnnualReportPrep. mpp**"。

1. 单击"视图"。
2. 单击"网络示意图"。
3. 单击"甘特图视图"。

1.14 使用放大/缩放工具

概念

可以在项目视图中更改时间表,以显示更小或更大的时间单位,范围从小时、天、周、月直到年。例如,在甘特图视图中,查看几个月而不是几天内的图表。

步骤

1. 选择甘特图视图。
2. 在"**视图**"选项卡中,单击"**缩放**"组中的"**时间刻度**"下拉列表,然后选择一个时间单位。

时间刻度下拉列表

3. 这一功能也可以通过屏幕右下角的滑块来实现。增加时间刻度时向＋拖动滑块，减小时间刻度时向－拖动。

1.15 关闭一个项目

概念

有几种方法来关闭 Microsoft Project 软件。如果未保存更改，系统将提示保存所有打开的文件。

退出项目：
- 单击 Project 2013 程序窗口右上角的"**关闭(×)**"按钮。
- 单击 Project 2013 程序窗口左上角的"**项目应用程序图标**"，然后单击"**关闭**"按钮。
- 按"**Alt ＋F4**"键。

步骤

1. 将光标导航到项目程序图标的左上角，然后选择项目图标。 打开弹出菜单。	单击"项目"图标
2. 选择"**关闭**"命令。 项目关闭。	点击 还原(R) 移动(M) 大小(S) 最小化(N) 最大化(X) × 关闭(C)　Alt+F4

关闭"AnnualReportPrep. mpp"而不保存。

1.16 复习及练习

1. 命名项目策划的三个要素：
   _____
   _____
   _____

2. 项目管理应用程序有哪四个功能？
   _____
   _____
   _____

3. _____是用于分析和表示完成项目所涉及的任务的视觉流程图。

   a. 网络示意图视图

   b. 甘特图视图

   c. 工作分解结构

   d. 项目管理应用

4. CPM 表示_____。

   a. 关键项目管理

   b. 关键路径管理

   c. 关键项目方法

   d. 关键路径方法

第 2 课
处理任务

在本节中,您将学会:
- 进入任务
- 编辑任务
- 拆分任务
- 进入一个里程碑式的任务
- 输入复发性任务
- 查看和隐藏复发性任务
- 编辑复发性任务
- 筛选任务
- 多层次取消
- 任务持续时间

2.1 输入任务

概念

任意项目都由任务组成。任务是完成项目所需的基本工作或操作。大多数任务的持续时间是指完成任务所需的时间长度。

任务可以按顺序发生，也可以独立发生。创建任务时，可提供任务名称、任务名称和持续时间、任务名称和其他信息的任意组合。可以在甘特图视图中输入任务，这是默认视图。

新项目策划的默认设置是手动安排，即项目经理必须手动输入开始和结束日期。输入的数据不必是数字形式。持续时间、开始和完成域可以具有以下信息："批准后开始一周"，即允许项目策划草案中没有太多的细节。

步骤

创建新任务：

在"**Student 文件夹**"中，打开"**2NewHouse.mpp**"文件。

1. 文件在"**甘特图视图**"中打开。
2. 如果没有，请在功能区中选择"**任务**"选项卡，单击"**甘特图**"图标。

第 2 课　处理任务

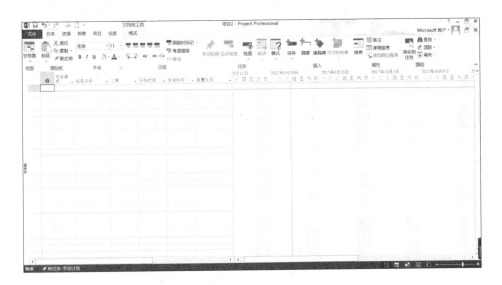

甘特图视图

第一行,在"**任务名称**"列中,输入"Conduct Site Survey",**在**"**工期**"列中,输入"**1 个工作日**"。Microsoft Project 自动为任务分配名称"**ID1**",表明这是项目的第一个任务,输入以下内容:

	●	任务模式	任务名称	工期
1		⇒		14 个工作日
2		⇒	Develop Blueprints	3 个工作日
3		⇒	Draft Proposal	1 个工作日?
4		⇒	Review Proposal	1 个工作日?
5		⇒	Request Bids	1 个工作日?
6		⇒	Request Permits	1 个工作日?
7		⇒	Obtain Bids	1 个工作日?
8		⇒	Obtain Sub Contractors	1 个工作日?

任务列表

2.2 编辑任务

概念

可以通过替换当前条目或编辑条目的一部分来编辑任务。要替换整个条目,可以选择包含条目的字段并输入新条目。如果需要编辑条目的一部分,可以在条目栏或单元格内编辑。

条目栏在工具栏下方,显示当前所选字段的内容。可以在条目栏中选择要编辑的单词或字符。使用单元格编辑,只需选中某字段并选择需要编辑的条目。

步骤

在"**Student 文件夹**"中,编辑一个任务:

1. 打开"**3NewHouse. mpp**"文件。
2. 单击"**DevelopBlueprints**"任务的"**工期**"字段。
3. 输入"**1 周**"。
4. 按"**回车键**"。

2.3 拆分任务

概念

当两个任务重叠并使用相同的资源时,拆分任务功能将非常有用。例如,可以在第二个任务开始时暂停第一个任务,然后在第二个任务完成时恢复第一个任务。

如果某个任务的一部分发生在非连续的另一天,那么也可能需要拆分任务。例如,画家需要两天的时间来给一个房间涂漆。第一天,画家涂好了第一层。两天之后,在任务的第二天,画家涂好了第二层。在这种情况下,可以拆分任务,以表示画家在两个不连续的日子里对作品进行任务。这种类型的调度将使画家能够在拆分任务的第一天和第二天之间执行其他任务。

当跟踪项目并完成标记任务时,可能也需要拆分部分完成的任务。其后可以重新安排未完成的任务。

拆分一个任务

步骤

拆分一个任务:

1. 切换到"**甘特图**"视图。
2. 单击"**任务**"选项卡。
3. 单击"**计划**"组上的"**拆分任务**"按钮 。
4. 指向要拆分的任务栏的区域。
5. 将鼠标按钮从拆分开始拖动到要在任务上工作的位置,再次开始。

2.4 进入一个里程碑

💡 概念

里程碑用于标记某个时间点或是项目中重大事件的参考点。它们与任务的区别在于它们没有特定的持续时间。

👣 步骤

进入一个里程碑：

方法一：

1. 单击"**任务名称**"列中的第一个空字段。
2. 输入"**Complete Planning Phase.**"。
3. 在"**工期**"列中输入工作日。

方法二：

1. 单击"**任务名称**"列中的第一个空字段。
2. 在"**任务**"选项卡的"**插入**"组中,单击"**插入里程碑**"按钮。

2.5 进入一个复发性任务

💡 概念

在一个项目中,可能会有要定期发生的任务,例如每周进度会议。这时可以创建一个复发性任务,而不是输入任务的每个单独事件。复发性任务以指定的间隔出现在项目进度表上,并有复发性任务指示符标识。复发性任务指示符在循环形式中显示为两个箭头。

步骤

进行复发性任务:

1. 单击"**任务名称**"列中的第一个空字段。
2. 单击"**任务**"选项卡,单击"**插入组**"中的任务按钮。
3. 在下拉列表中选择"**复发性任务**"。
4. 在"**任务名称**"框中输入"**Status Meeting**"。
5. 在"**工期**"框中输入"**1 小时**"。
6. 选择一周中的任意一天。
7. 单击"**确定**"按钮。

2.6 查看和隐藏复发性任务

概念

任务列表中的复发性任务采用粗体显示,其左侧有重复的任务指示器。它虽然看起来像一个单独任务,但实际上由几个子任务组成,每个子任务表示做一次任务,可以根据需要显示和隐藏。

1. 单击"**状态会议**"任务左侧的加号(+)进行查看。
2. 单击减号(-)进行隐藏。

2.7 编辑复发性任务

概念

一个周期性任务由多个复发性子任务组成。可以编辑复发性任务,这将影响所有子任务,也可以编辑各个子任务。这个功能在计划有变的时候是很有用的。

步骤

显示状态会议子任务:

1. 双击"**Status Meeting 1**"子任务。
2. 将工期更改为"**2 小时**"。

2.8 分类和筛选任务

概念

随着项目规模的增加,用户会发现只显示一部分任务很有用。筛选器提供了在特定时间仅显示所需信息的方法。例如,可以使用筛选器仅显示具有估计持续时间的里程碑任务,也可以按名称排序,以轻松找到任务。

步骤

筛选任务：

1. 单击"**视图**"选项卡。
2. 在"**数据**"组的"**筛选器**"下拉列表中选择"**里程碑**"。

排序任务：

1. 变换为甘特图。
2. 单击"**任务名称**"列标题右侧的箭头。
3. 单击"**排序 A 到 Z**"。

2.9 多级取消

概念

由于资源或工期等条件更改，使用"**撤销**"按钮可以很方便地取消任意数量的步骤。

步骤

1. 单击快速访问工具栏中"**撤销**"按钮旁的向下箭头。
2. 选择所需的步骤数量。

2.10 理解任务工期

 概念

任务的工期是完成任务所需的总工作时间。

工期

在任务工期中可以输入：

单位	缩写
分钟	min
小时	hr
天	d
周	wk
月	mo

工期单位

当以天为单位输入工期时，Microsoft Project 将根据每天的默认工作时数(8 个小时)安排任务；工期与其他任务信息(如日历和资源分配)一起决定任务的开始和结束日期。

使用标准项目日历的默认设置时，周末是非工作时间，每个工作日工作时间为 8 小时。

预计工期

当输入一个没有工期的任务时，Microsoft Project 会根据任务的开始和结束日期计算工期，并将工期标记为估计，在工期后用问号标示。估计工期的计算方法与正常工期的基本相同。

单位	缩写
分钟	min?
小时	hr?
天	d?
周	wk?
月	mo?

预计工期的单位

也可以输入问号来表示预计工期,并在最终将预计工期更改为其他数字,或者在收到更准确的信息时删除问号。

占用的工期

在所有日历和资源分配中,占用的工期均不考虑工作时间和非工作时间,而是将任务安排为每周工作24小时,每周7天,直到完成。在确定工期时,"**选项**"对话框中的"**占用的工期**"也会忽略计划安排,而是将每一天的工期计算为24小时。

占用的工期可以用于一旦开始就不能停止的过程,例如从世界另一边运送来一台机器,可以在工期单位之前输入"e"来指定占用的工期,例如:

单位	缩写
分钟	emin
小时	ehr
天	ed
周	ewk
月	emo

2.11 复习及练习

1. 定义与项目有关的任务。

   _____

   _____

   _____

2. 可以在 Microsoft Project 中使用资源相同的两个任务。(　　)

   A. 正确

   B. 错误

3. (　　)用来标志在时间段或一个显著事件在一个项目中的参考点。

   a. 任务

   b. 甘特图

   c. 里程碑

   d. 子任务

4. 以下哪个符号代表了项目中的"占用的工期"?(　　)

   a. mo

   b. d?

   c. ehr

   d. hr

第 3 课

组织任务

在本节中,您将学会:
- 简单汇总数据
- 缩进和减少缩进
- 折叠和扩展大纲
- 插入任务
- 删除任务
- 移动任务
- 记录任务
- 创建项目摘要任务
- 查看 WBS 代码

3.1 插入一个新的任务

步骤

从"**Student 文件夹**"中打开"**3 NewHouse. mpp**"文件。

在列表中插入新任务:

1. 单击任务"**ID7——Select Sub Contractors**",按"**Insert**"键。
2. 在"**任务名称**"列下的空行中,输入"**Obtain Permits**。"在"**工期**"列下,输入 **1 周**。
3. 在"**任务名称**"列下的空行中,输入"**Complete Planning Phase**"。在"**工期**"列下,输入"**0 工作日**"创建一个里程碑。

复制任务:

1. 选择要复制的任务。
2. 单击任务编号,以便选择所有信息。
3. 在"**任务**"选项卡的"**剪贴板**"组中,单击"**复制**"。
4. 单击要粘贴任务的位置。
5. 在"**任务**"选项卡的"**剪贴板**"组中,单击"**粘贴**"。

提示:可以使用快捷键"**Ctrl+C**"快速将任务"**复制**"到剪贴板,也可以使用 "**Ctrl+X**"和"**Ctrl+V**"来实现"**剪切**""**粘贴**"功能。

3.2 删除一个任务

步骤

从列表中删除一个任务：

1. 单击任务"**ID 5——Obtain Bids.** "。
2. 按"**Delete 键**"或鼠标右键单击并选择删除任务。

3.3 移动一个任务

步骤

移动任务来改变序列：

- 单击任务"**ID 6—— Obtain Permits**",然后拖动到任务"**ID7**"下方。

3.4 简单汇总数据——列出任务大纲

概念

任务可以在包含任务表的任何视图中组织成一个大纲。创建大纲可以更轻松地查看项目的结构；可以将相关任务组合在一起，以确定项目的主要阶段。

在大纲中安排任务时,将创建汇总任务和子任务。汇总任务总结了其他任务的成本、工作和调度信息,其工期是所有子任务中最早开始日期和最后完成日期之间的时间间隔。

当子任务信息发生变化时,汇总任务也会发生变化。

3.5 创建、修改和查看子任务和汇总任务

概念

为了创建大纲,需要确定哪些任务是子任务,哪些任务是汇总任务。子任务是在汇总任务之下缩进的相关任务;汇总任务总结了有关子任务的信息。

步骤

1. 选择"**Request Permits**"和"**Obtain Permits**"任务。
2. 单击"**任务**"选项卡。
3. 在"**计划**"组中,单击右侧的绿色箭头按钮(缩进任务)。
4. 单击左边的绿色箭头减少缩进(修改子任务)。
5. 单击−(减号)(在汇总任务右侧)将其折叠(隐藏子任务或查看汇总任务)。
6. 单击＋(加号)(在汇总任务右侧)将其展开(查看子任务)。

3.6 添加、编辑、删除任务的注释

概念

可以为任何任务信息创建任务注释。当任务包含一个注释时,"**注释**"图标将显示在"**指标**"列中。指向图标将显示带有注释文本的屏幕提示。任务注释记录在"**任务信息**"对话框的"**备注**"页面中。

步骤

为任务添加注释:

1. 选择所需的任务。
2. 在"**任务**"选项卡中,单击"**属性**"组中的"**信息**"按钮。
3. 单击"**注释**"选项卡并输入所需的信息。

编辑任务的注释:

1. 选择所需的任务。
2. 在"**任务**"选项卡中,单击"**属性**"组中的"**信息**"按钮。
3. 单击"**备注**"选项卡并编辑所需的信息。

删除任务的注释:

1. 选择所需的任务。
2. 在"**任务**"选项卡中,单击"**属性**"组中的"**信息**"按钮。
3. 单击"**备注**"选项卡,然后删除所需的信息。

3.7 创建一个项目汇总任务

概念

显示项目汇总任务,以快速查看整个项目的成本、工作和计划信息。当显示项目汇总任务时,它将插入到任务列表的开头,并显示项目文件的名称。可以折叠并展开项目汇总任务,就像折叠并展开其他汇总任务一样。

步骤

查看项目汇总任务:

方法一:
1. 单击"**文件**"选项卡。
2. 单击"**选项**"按钮。
3. 单击"**高级**"类别,然后滚动显示"**此项目的显示选项**"。
4. 单击"**显示项目汇总任务**"旁边的复选框。
5. 单击"**确定**"按钮。

方法二:
1. 选择甘特图工具中的"**格式**"上下文选项卡。
2. 在"**显示/隐藏**"组中,勾选"**项目汇总任务**"。

高级选项选项

3.8 查看 WBS 代码

概念

工作分解结构(WBS)是任务的层次化组织,它使用代码来显示完成下一个最高级别任务所需的任务。可以认为,它是一个有编号的项目大纲。默认的 WBS 代码是由 Microsoft Project 软件分配的大纲编号。

步骤

打开"**3NewHouse. mpp**"文件。选择"**甘特图**"视图。

方法一：
1. 鼠标右键单击指示符列，然后单击插入列。
2. 从列表中选择"**WBS**"。

方法二：
1. 单击"**甘特图中的格式**"上下文选项卡。
2. 在"**显示/隐藏**"组中，勾选"**大纲编号**"复选框。

3.9 为另一个文件夹创建一个超链接

💡 概念

可以将超链接添加到项目中，以快速访问其他项目文件、使用其他应用程序创建的文件或 Web 上的内容。如果在项目中包含没有保存位置的信息时，此功能将非常有用。超链接允许用户打开所需的文件或跳转到所需的网页。

指定要创建链接的文件或网页，使用"**插入超链接**"对话框创建超链接。需要输入要链接的文件的路径和名称，或单击"**浏览**"按钮查找。要链接的网页，需输入其地址（URL）。

可以创建自定义文本指向超链接，方法是在"**要显示的文字**"框中输入文本或创建一个"**屏幕提示**"。

"插入超链接"对话框

步骤

添加超链接：

1. 选择要附加超链接的任务或资源。
2. 鼠标右键单击"任务"按钮,然后从弹出的快捷菜单中选择"**超链接**"。
3. 在"**链接到**"菜单下,选择"**现有文件或网页**"。
4. 选择"**查找范围**"列表。
5. 选择包含要链接到的文件的驱动器。
6. 选择包含要链接到的文件的文件夹。
7. 选择要链接到的文件。
8. 使用自定义"**要显示的文本**"或"**屏幕提示**"按钮,根据需要添加的文本,包括其他屏幕文本。
9. 选择"**确定**"按钮。

编辑超链接：

1. 选择要编辑的超链接任务或资源。
2. 鼠标右键单击"任务"按钮,然后从弹出的快捷菜单中选择"**超链接**"→"**编辑超链接**"。
3. 在"**链接到**"菜单下,选择"**现有文件或网页**"。
4. 选择"**查找范围**"列表。
5. 选择包含要链接到的文件的驱动器。
6. 选择包含要链接到的文件的文件夹。
7. 选择要链接到的文件。
8. 使用自定义"**要显示的文本**"或"**屏幕提示**"按钮,根据需要添加文本,包括其他屏幕文本。
9. 选择"**确定**"按钮。

删除超链接：

1. 选择要删除超链接的任务或资源。
2. 鼠标右键单击"**任务**"按钮，然后从弹出的快捷菜单中选择"**超链接**"→"**清除超链接**"。

3.10 复习及练习

1. 当子任务信息更改时，必须手动更改汇总任务。（　　）

    a. 正确 　　　　　　　　b. 错误

2. 子任务如何显示在汇总任务之下？（　　）

    a. 突出 　　　　　　　　b. 缩进

    c. 粗体 　　　　　　　　d. 斜体

3. 以下命令对任务做了什么处理？（　　）

    a. →右绿色箭头 　　　　b. ←左绿色箭头

    c. －符号 　　　　　　　d. ＋符号

4. Microsoft Project 中的超链接允许用户访问以下哪项？（　　）

    a. 其他项目文件内容

    b. 用其他应用程序创建的文件

    c. WWW 上的位置

    d. 以上所有

5. WBS 代表（　　）。

    a. 工作分解结构

    b. 工作分解系统

    c. 工作备份系统

    d. 工作备份结构

第 4 课

调度与链接任务

在本节中,您将学会:

- 链接任务
- 链接汇总任务
- 更改任务关系/修改链接任务
- 设定任务滞后
- 设置任务导线
- 应用约束
- 输入开始或完成日期
- 设定截止日期
- 确定关键任务
- 将甘特工具栏放置到汇总栏

4.1 调度任务

💡 概念

调度任务识别执行任务的顺序和是否有其他依赖关系,即识别任务是否可以启动,是否必须等待另一个任务在启动之前完成,是否有任何约束等。

链接类型	示例	描述
完成-开始 Finish-to-Start (FS)	Task A → Task B	一个任务的完成日期驱动另一个任务的开始日期。 换句话说,任务 A 必须在任务 B 开始之前完成
开始-开始 Start-to-Start (SS)	Task A / Task B	一个任务的开始日期驱动另一个任务的开始日期。 换句话说,任务 B 可以在任务 A 开始之后启动
完成-完成 Finish-to-Finish (FF)	Task A / Task B	一个任务的完成日期驱动另一个任务的完成日期。 换句话说,任务 A 必须在任务 B 完成之前完成
开始-完成 Start-to-Finish (SF)	Task A / Task B	一个任务的开始日期驱动另一个任务的完成日期。 换句话说,无法在任务 A 启动之前完成任务 B

关系链接类型

4.2 链接任务

 概念

链接设置了两个或多个任务之间的依赖关系。当两个任务链接后,默认其为"**完成-开始**"关系:一个任务的开始取决于另一个任务是否已完成。

步骤

在"**Student 文件夹**"中打开"**4NewHouse.mpp**"文件。

基本任务链接:

1. 选择任务"**ID 2**"和"**ID 3**"。
2. 单击"**任务**"选项卡。在"**日程**"组中,单击"**链接任务**"图标,将任务"**ID 2**"链接到任务"**ID 3**",使用"**完成-开始**"链接关系,即任务 3 的开始取决于任务 2 是否已完成。

链接任务按钮

3. 选择任务"**ID 4**",在"**属性**"组中单击"**信息**"图标。

任务信息按钮

4. 在"任务信息"对话框中,选择"前置任务"选项卡,在标识号"**2**"一列中,单击"任务名称"列,确保显示"**Develop Blueprints**"。

5. 单击"确定"按钮。

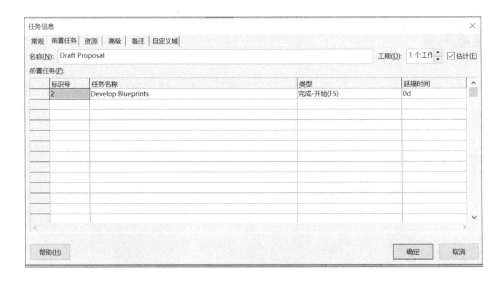

"任务信息"对话框

6. 选择标识号为"**5**"的任务。

4		Review Proposal	1 个工作日?	2017年10月3日	2017年10月3日	3
5		Request Bids	1 个工作日?	2017年9月21日	2017年9月21日	
6		Request Permits	1 个工作日?	2017年9月21日	2017年9月21日	
7		Obtain Bids	1 个工作日?	2017年9月21日	2017年9月21日	

甘特图查看分隔线

7. 在"**甘特图**"视图中,将分隔线向右侧移动,直到"**前置任务**"列显示出来。在"**前置任务**"列中输入"**4**"。

4.3 链接多个任务

步骤

一次链接多个任务：

1. 选择标识号"5~10"的任务。在"**任务**"选项卡的"**日程**"组中单击"**链接任务**"图标。
2. 创建以下链接：

选择任务 ID
13~15
17~19
21~24

任务之间的链接

4.4 链接汇总任务

步骤

对于下面列出标识号的任务，在"**前置任务**"列中输入以下前驱信息。

ID	任务名称	前置任务	链接类型
7	获得投标	6	(FS)完成-开始
11	建筑结构	1	(FS)完成-开始
16	构造框架	12	(FS)完成-开始
20	构建基础设施	11	(FS)完成-开始

前置任务列表

4.5 变更任务关系——修改任务链接类型

步骤

设置任务后修改任务链接：

鼠标左键双击标识号为"**8**"的任务，在"**任务信息**"对话框的"**前置任务**"选项卡中，选择标识号为"**7**"的任务；然后在"**类型**"列中，选择"**开始**"按钮。

4.6 删除一个任务链接

步骤

删除一个任务链接：

1. 单击"**视图**"。
2. 选择"**甘特图**"。
3. 双击两个任务之间的链接行，出现"**任务相关性**"对话框。

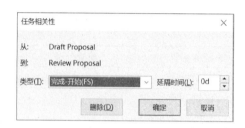

4. 单击"**删除**"按钮。

4.7 设置一个任务滞后

概念

当任务要延迟一段时间才能启动时,应设置一个任务滞后。

步骤

1. 双击"**任务 ID 7——Obtain Bids**"。
2. 在"**任务信息**"对话框中,选择"**前置任务**"选项卡。
3. 选择"**ID 6——Request Bids**",在"**延迟时间**"列输入"**3d**",这样就会产生滞后,即任务 7 Obtain Bids 在任务 6 Request Bids 之后 3 天才开始。
4. 单击"**确定**"按钮。

4.8 设置一个任务导线

概念

当一个任务可以在前一个任务尚未完成之前启动时,就设置了一个任务导线。

步骤

1. 双击"**任务 ID 4**"。
2. 在"**任务信息**"对话框中,选择"**前置任务**"选项卡。

3. 选择"ID 3"。在"延迟时间"列输入"—2d",这样就创建了一个任务导线,即任务 4 在任务 3 完成之前 2 天就开始。
4. 单击"确定"按钮。

4.9 应用、修改和删除约束

 概念

约束是对任务开始或结束日期的限制。可以指定任务必须在特定日期之后开始或之前完成。限制可以是灵活的"不限于特定日期"或不灵活的"限于特定日期"。当任务不能按照正常顺序执行时,应设置约束。

约束类型	定义
尽可能晚	尽可能晚地安排任务,但又不会使后续任务延迟。不使用约束日期
尽快地	尽快安排任务开始。不使用约束日期
不早于地完成	在约束日期或之后安排完成任务
不晚于地完成	在约束日期或之前安排完成任务
必须完成	在约束日期安排任务完成。一旦选定,任务将不能在时间刻度上移动
必须开始	计划在约束日期开始的任务。一旦选定,任务将不能在时间刻度上移动
不早于开始	将任务计划在约束日期或之后开始
不晚于开始	将任务计划在约束日期或之前开始

约束类型

第4课 调度与链接任务

步骤

添加约束:

1. 双击"**任务 ID 9——Select Sub Contractos**",在"**任务信息**"对话框中,选择"**高级**"选项卡。

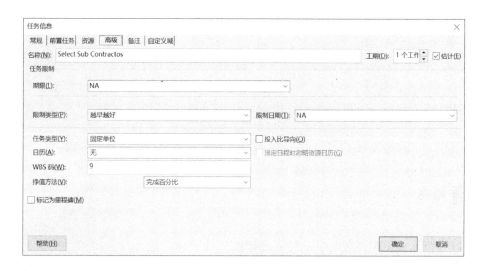

"任务信息"对话框

2. 在"限制类型:"中选择"**不早于开始**",并在"限制日期:"中输入"**12/8/11**"。

3. 选择"**备注**"选项卡,在"**备注:**"中输入"**所有者将返回到 12/8/11**"。

4. 单击"**确定**"按钮。

5. 双击"**任务 ID 13——Dig Foundation**",在"**任务信息**"对话框中,选择"**高级**"选项卡。

6. 在"限制类型:"中选择"**开始不晚于**",并在"限制日期:"中输入"**30/8/11**"。

7. 单击"**确定**"按钮。

修改约束:

1. 双击要修改约束的任务,显示"**任务信息**"对话框。

2. 单击"**高级**"选项卡。

3. 在"限制类型"框中更改为所需的约束类型。
4. 单击"确定"按钮。

删除约束：

1. 双击要修改约束的任务，将显示"任务信息"对话框。
2. 单击"高级"选项卡。
3. 在"限制类型"框中选择"尽可能快"。
4. 单击"确定"按钮。

4.10 输入一个开始或完成日期

概念

可以在输入或编辑任务时手动输入开始或完成日期。输入日期即施加约束，会使 Microsoft Project 调整和计算日程表。

步骤

1. 鼠标左键双击任务"**Dig Foundation**"，显示"**任务信息**"对话框。
2. 选择"**常规**"选项卡。
3. 输入新的开始或完成日期。
4. 单击"**确定**"按钮。

4.11 设定一个截止日期

概念

除了使用各种约束类型之外,还可以设置任务的截止日期。与其他约束不同,截止日期较灵活,而且不影响项目进度,并有助于维持日程安排。

当为任务添加截止日期时,甘特图上的下拉箭头将显示在任务的旁边或上方,表示截止日期。如果指向截止日期符号,则屏幕提示将显示"**开始日期**""**任务名称**"和"**截止日期**"。

步骤

1. 鼠标左键双击任务"**Dig Foundation**",选择"**高级**"选项卡。
2. 在"**期限**"框内输入日期。
3. 单击"**确定**"按钮。

4.12 设置一个手动计划的任务

概念

手动计划的任务不依赖于其他任务,其开始和结束日期由项目经理定义。

步骤

1. 选择"任务 ID 33"。在"任务模式"列中,选择"手动计划"。此时"任务模式"列中的图标显示任务采用了手动计划。
2. 在任务 ID 33 的"开始"列中,输入"23/11/11"(甘特栏的格式设置不同),则此任务的计划将手动调整。

4.13 确定关键任务

概念

项目进度计划中的"**关键路径**"由关键任务组成。关键任务影响项目完成日期。

步骤

显示关键任务:

方法一:
在功能区的"**视图**"选项卡中查看关键路径。在"**任务视图**"组中,单击"**甘特图**"并选择"**跟踪甘特图**"视图。

甘特图视图按钮

方法二:

单击功能区上的"**甘特图工具**",选择"**格式**"选项卡。在"**条形图样式**"组中,选中"**关键任务**"复选框。

"关键任务"复选框

"**甘特图**"中的红色条表示构成关键路径的任务。

4.14 滚动甘特图到汇总条

概念

汇总任务的甘特图条在两端都有倒三角形,从子任务的最早开始日期延伸到最后完成日期。当显示子任务时,子任务的甘特图条将显示在汇总任务栏的下方。

可以将子任务的甘特图条滚动到汇总任务栏,以更好地查看每个子任务如何组成汇总任务。当指向一个滚动的子任务栏时,会出现一个屏幕提示,显示子任务名称、持续时间、开始和结束日期以及文本滚动任务。

可以通过选择相应的子任务,打开"**任务信息**"对话框,快速显示或删除多个滚动的甘特图条。可以在汇总选项中选择或取消选择"**汇总甘特图条**",然后单击"**确定**"按钮。

步骤

1. 双击"**任务 Dig Foundation**"。
2. 勾选"**总成型任务**"复选框。
3. 单击"**确定**"按钮。

"任务信息"对话框

4.15 管理网络示意图视图

 概念

可以通过替换当前条目来编辑任务。例如使用形状编辑，选择任务框中的字段，并根据需要编辑字段中的条目，也可以通过双击任务框编辑有关信息。

可以通过采用不同的布局样式来更改外框的显示方式。

"版式"对话框

步骤

编辑任务：

1. 单击 Request Bids 任务的"**持续时间**"字段。

2. 类型选"**3w**"。

3. 按"**Enter**"键。

4. 双击"**任务**"框。

5. 单击"**优先级**"。

6. 输入"**900**"。

7. 按"**Enter**"键。

8. 单击"**确定**"按钮。

9. 点击"**格式**"。

10. 单击"**布局**"。

11. 指向"**框布局**"。

12. 单击"**排列方式**"框。

13. 选择"**按月由上而下排列**"选项。

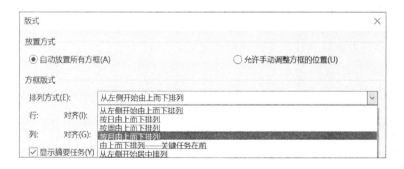

布局对话框-安排组合框

14. 单击"**确定**"按钮。

4.16 复习及练习

1. 以下使用链接类型匹配,哪一个是正确的?（　　）

    a. 开始-开始

    b. 完成-完成

    c. 完成-开始

    d. 开始-完成

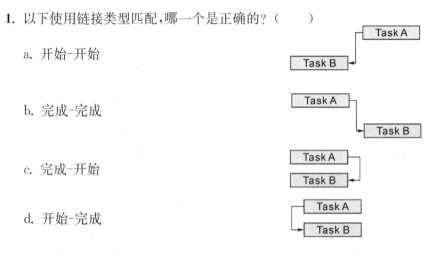

2. 两个任务链接时的默认关系是什么?（　　）

    a. 开始-开始

    b. 完成-开始

    c. 完成-完成

    d. 开始-完成

3. 任务滞后只能设置在预期延迟周期之前,是吗?（　　）

    a. 正确

    b. 错误

4. 汇总任务的甘特图栏在两端都有倒三角形,从最早开始日期延伸到子任务的最后完成日期,这种说法正确吗?（　　）

    a. 正确

    b. 错误

5. 定义约束与项目之间的关系。

第 5 课

使用资源

在本节中,您将学会:
- 创建工作、材料和成本资源
- 改变资源工作时间
- 将资源分配给任务
- 为任务分配成本资源
- 为任务添加更多成本资源
- 其他资源分配方法
- 删除资源分配

5.1 创建工作、材料和成本资源

概念

资源是用于执行任务或活动的人员、设备和用品。必须获得这些资源,确定它们的费率和工作时间,并且规划它们的用途。资源类型字段指示分配的资源是工作资源、材料资源或成本资源。工作资源为人员和设备;材料资源是指消耗品,如钢铁、混凝土或土壤;成本资源是时间独立的资源,如飞机票等。

步骤

在"**Student 文件夹**"中打开"**5NewHouse. mpp**"文件。

1. 单击"**任务**"选项卡,单击"**甘特图**"视图,选择"**资源表**",显示资源表。
2. 在"**资源**"选项卡中,转到"**插入**"组,然后单击"**添加资源**"图标,选择"**工作资源**"。
3. 在"**资源名称**"列中,选择"**新建资源**",并输入"**劳动者**",类型默认为"**工作**"。
   在"**最大值单位**"列,输入"**500%**",Microsoft Project 分配资源"**ID**"为"**1**"。
   输入以下资源信息:

ID	资源名称	类型	材料标签	首字母	组
1	劳动者	工作		L	联盟
2	建筑师	工作		A	承包商
3	地毯层	工作		CL	承包商
4	涂料	材料	加仑	PN	供应
5	视窗	材料	单位	W	供应
6	所长	工作		SP	经理

(续表)

ID	资源名称	类型	材料标签	首字母	组
7	反向铲	工作		B	设备
8	瓷砖	材料	平方英尺	T	供应
9	管理费用	成本			

资源信息 1

ID	最大值单位	标准费率	Ovt 费率	成本/使用	Accrue At	基准日历
1	500%	20	30	$0.00	按比例分配	标准
2	100%	300/天	0	$0.00	开始	标准
3	200%	20	35	$0.00	按比例分配	标准
4		10		$0.00	按比例分配	
5		150		$0.00	按比例分配	
6	100%	35	35	$0.00	结束	标准
7	200%	400/天	0	$0.00	按比例分配	标准
8		4		$0.00	按比例分配	

资源信息 2

5.2 变更资源工作时间

概念

在某些情况下,资源工作时间可能与标准工作时间不同。在这种情况下,工作时间必须变更。

步骤

1. 鼠标左键双击"**资源 ID 6 – Superintendent**",在"**资源信息**"对话框中选择"**常规**"选项卡。

"资源信息"对话框-"常规"选项卡

2. 单击"**更改工作时间**"按钮。在底部选择"**工作周**"。选择"**默认**",单击"**详细信息……**"按钮。

3. 在"**默认**"对话框的详细信息中,选择"**选择日期:**"中的"**星期一至星期五**"。选择将日期设置为"**具体工作时间:**",并输入以下内容:

开始	结束
上午 8:30	下午 1:30
下午 3:30	下午 8:30

工作时间细节

4. 单击"**确定**"三次,将管理员的工作时间改为上午 8 时 30 分至晚上 8 时 30 分。

5. 关闭文件而不保存。

5.3 为任务布置资源

概念

一旦完成项目进度并确定了所需资源,就必须分配项目进度来执行任务。

持续时间、工作和效率之间存在着复杂的关系。项目经理必须明白,如果一个元素发生变化,则会对另一个元素产生影响。

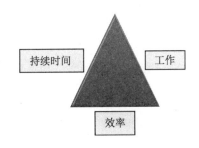

项目三角

元素	公式	示例
持续时间	工作÷效率	两人全职分配到为期2天的任务:持续时间为1天(1=2÷2)。分配给任务的资源越多,持续时间越短。所以,4个人只要半天的时间来完成工作
工作	持续时间×效率	计划在4天内完成任务。有2个人被全职分配到这个任务中。工作时间等于8天(8=4×2)。如果两个人只被分配了一半时间,工作时间将等于4天
效率	工作÷持续时间	要在2天内完成4天的工作将需要2个全职工作的持续时间。随着持续时间的增加,效率减少,反之亦然

资源元素关系

步骤

1. 在"**Student 文件夹**"中打开"**6NewHouse.mpp**"文件。
2. 检查资源表中的资源。

5.4 为多个任务布置单个资源的多种方法

步骤

处理任务信息：

1. 鼠标右键单击应用程序窗口右侧的"**资源表**",切换到"**甘特图**"视图,选择"**甘特图**"。
2. 双击"**任务 ID 2 - Conduct Site Survey**",在"**任务信息**"对话框中,选择"**资源**"选项卡。
3. 单击"**资源名称**"列下的第一行,单击旁边的按钮,在"**单位**"列类型"**200%**"中选择或输入"**Surveyor**"。
4. 单击"**确定**"按钮。

使用分配资源：

1. 选择"**任务 ID 3 - Develop Blueprint**",选择"**功能区**"中的"**资源**"选项卡,单击"**分配资源**"按钮。

"分配资源"按钮

2. 在"分配资源"对话框中,选择"资源名称"列中的"Architect"。在"单位"列中输入"100%",然后单击"分配"按钮。

"分配资源"对话框

3. 单击"关闭"按钮关闭对话框。
4. 选择"任务 ID 8 – Obtain Permits",选择"资源名称"列中的"Superintendent"。在"单位"列中输入"100%",然后单击"分配"按钮。100%表示资源可在100%的工作时间内利用。50%意味着资源仅可在50%的工作时间内利用。
5. 向右移动分隔线,显示"资源名称"列。

5.5 在资源名称列中输入数据

步骤

1. 选择"任务 ID 4 – Draft Proposal",单击"甘特图输入表"中的"资源名称"列,单击"列表"按钮并选择"Contracting Specialist"。

2. 按"Enter"键。

3. 选择"任务 ID 29 – Final Electrical",单击"甘特图输入表"中的"资源名称"列,单击"列表"按钮并选择"Electrician"。

4. 按"Enter"键。

5.6 为单个任务分配材料资源

步骤

1. 双击"任务 ID 29 – Final Electrical",在"任务信息"对话框中,选择"资源"选项卡。可以看到这项任务的资源,Electrician 的费用是"480"美元。

2. 单击"资源名称"列中的第二行,单击旁边的按钮,选择或输入"Light fixture",在"单位"列中输入 1。

3. 单击"确定"按钮。

5.7 为单个任务分配成本资源

步骤

1. 双击"任务 ID 8 – Obtain Permits",在"任务信息"对话框中,选择"资源"选项卡。

2. 单击"资源名称"列中的第二行,单击旁边的按钮,选择或输入"Admin Cost",在"成本"列中输入"500"。

3. 单击"确定"按钮。

5.8 为单个任务添加更多资源

步骤

双击"**任务 ID 9**",在"**资源名称**"列的类型"**Owner**"中选择"**Sub Contractor**",将"**Owner**"资源添加到"**资源表**"。

5.9 其他资源分配方法

步骤

为单个任务分配多个资源:

默认分配:

1. 双击"**任务 ID 13 - Dig Foundation**",在"**任务信息**"对话框中,选择"**资源**"选项卡。
2. 单击空的第一行,在"**资源名称**"列中单击旁边的按钮,选择或输入"**Back Hoe**","**单位**"列输入"**200%**"。
3. 单击下一行,在"**资源名称**"列中单击旁边的按钮,选择或输入"**Back Hoe**","**单位**"列中输入"**200%**"。
4. 单击"**确定**"按钮。
5. 双击"**任务 ID 17 - Frame House**"。在"**任务信息**"对话框中,选择"**资源**"选项卡。
6. 单击第一行,在"**资源名称**"列中单击旁边的按钮,选择或输入"**Carpenter**","**单位**"列中输入"**300%**"。
7. 单击"**确定**"按钮。

非默认分配：

1. 双击"**任务 ID 7 - Obtain Bids**"，在"**任务信息**"对话框中，选择"**资源**"选项卡。
2. 单击空的第一行，在"**资源名称**"列中单击旁边的按钮，选择或输入"**Contracting Specialis**"，"**单位**"列输入" 50%"。
3. 单击下一行，在"**资源名称**"列中单击旁边的按钮，选择或输入"**Superintendent**"，"**单位**"列中输入" 50%"。
4. 单击"**确定**"按钮。

5.10 删除资源分配

概念

可以随时删除分配的资源。在删除分配的资源之前，需要切换到任务视图，如甘特图视图。删除作业后，资源将保留在资源列表中，但不再分配所选任务。

步骤

1. 在"**甘特图**"视图中选择"**Conduct Site Survey**"任务。
2. 单击"**资源**"选项卡。
3. 在"**作业**"组中单击"**分配资源**"按钮。
4. 单击要删除的资源，然后单击"**删除**"按钮。
5. 单击"**确定**"按钮。

"分配资源"对话框

5.11 查看分配信息

步骤

1. 单击"**任务**"选项卡,然后单击"**甘特图**"视图图标。
2. 右键单击表格顶部,选择"**成本**",显示成本的相关信息,查看信息。

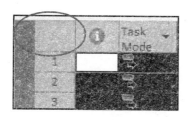

选择表的快捷方式

3. 再次右键单击并选择"工作",显示工作的相关信息,查看信息。

选择工作表

4. 关闭文件而不保存。

5.12 复习及练习

1. 资源是( )用于执行任务或活动。

   a. 人和用品

   b. 用品

   c. 用品和设备

   d. 人、用品和设备

2. ( )是时间依赖的资源。

   a. 物质资源

b. 成本资源

3. 如果工作时间与标准工作时间不同,则不需要改变工作时间,是吗?(　　)

   a. 正确

   b. 错误

4. 项目三角形的三个组成部分是什么?

   _____

   _____

   _____

第 6 课

分配成本

在本节中，您将学会：
- 定义成本
- 分配标准费率
- 查看资源成本
- 查看任务成本
- 为单个任务分配固定成本
- 为单个任务分配资源成本
- 重新安排未完成的工作

6.1 定义成本

概念

"**成本**"是项目计划和控制的一个重要方面。项目中有几种不同类型的成本。在 Microsoft Project 中，定义资源时可以为其分配成本。成本可能包括各种资源的成本以及与资源没有直接关系的费用，如间接费用、附带福利和固定成本。成本可以定义为可变成本或固定成本。

"**可变成本或基于费率的成本**"通常适用于随时间或每次使用而产生成本的人或设备。当定义资源成本时，还可以指定费用何时发生。成本可以按比例分配（这是默认值），也可以在任务的开始或结束时产生。按比例成本计算则表示，当一项任务完成时，即会结算一定比例的成本。该成本是根据为资源支付的工资率和为资源执行的工作量计算的。

"**固定成本**"被设置为任务而不是资源。不管任务持续时间或资源对任务执行的工作如何，固定成本都不变。

默认情况下，"**标准费率**"字段格式为货币。可以使用"**文件**"选项卡更改格式，然后选择"**选项**"→"**显示**"命令。

6.2 分配标准费率

💡 概念

可以在"**标准费率**"字段中输入工作资源和物料资源的标准费率,"**标准费率**"字段可见于"**资源表**"视图中。

工作资源的标准费率是单位时间的成本。标准费率的默认单位是小时,也可以设置为分钟、日、周、月或年。可以使用字母来表示时间单位:"**m**"表示分钟,"**d**"表示日,"**w**"表示周,"**mo**"表示月,"**y**"表示年。如果没有输入时间单位,Microsoft Project 会按小时费率计算资源成本。当输入费率时,您需要先输入美元金额,然后输入正斜杠(/),最后是单位。因此,如果一个资源的成本是每年 $25,000,应在"**标准费率**"字段中输入"**$25,000/y**"。

材料资源的标准费率是单位计量的费率。计量单位(如吨)应在"**材料标签**"字段中输入。当输入此种费率时,只需输入数字,如"**20**",表示每码/每加仑 20 美元等。例如,输入"**油漆**"作为材料资源,并在"**材料标签**"字段中输入"**加仑**",则"**标准费率**"字段表示每加仑油漆的价格。因此,如果在"**标准费率**"中输入"**$10**",那么费率为每加仑 10 美元。

👣 步骤

在"**Student 文件夹**"中打开"**7New House. mpp**"文件。

分配标准费率:

- 如有必要,请切换到"**资源表**"视图。
- 选择"**资源**"→"**工作**"。

1. 在"20 Backhoe"资源中单击"标准费率"字段。
2. 输入"400/天"。
3. 按"Enter"键。

请注意,"400/天"会显示为"$400.00/天"。该字段的格式设置为货币,是默认设置。

实践概念:输入以下工作资源的费率信息。不需要输入货币符号、小数点或小数位。此外,不需要输入"/小时",因为小时是默认的标准单位。

ID	资源名称	标准费率
20	反向铲操作员	$25.00
16	管理员	$35.00
18	电话技术员	$30.00
19	电缆专家	$18.00

工作资源价格信息

实践概念:选择"资源"→"物料",并输入以下资源的费率信息:

ID	资源名称/材料标签	标准费率
22	Concrete yards	$80.00
23	Insulation square feet	$2.00
24	Drywall sheet	$8.00

材料资源价格信息

再次选择"所有资源"。

6.3 查看资源成本

概念

可以使用成本表中的"**资源使用情况**"视图来查看有关资源的成本信息。显示的列有"成本""基准成本""方差""实际成本"和"剩余"。下表详细描述了每一列。

列	描述
成本	所有作业的资源总成本
基准成本	所有作业的资源计划总成本
方差	基准成本与计划(总计)成本之间的差额。一旦保存了项目基线,负方差数表示成本低于预算,正方差数表示成本超出预算
实际成本	已经由资源执行的工作的总成本
剩余	完成尚未由资源执行的工作所产生的总成本

成本类型

根据在项目中的位置,其中一些字段可能没有信息。例如,在保存项目基线之前,"**基准成本**"字段将不会显示。

可以在视图中打印任何表格。打印表格时应向右拖动垂直拆分栏,以隐藏时间轴。如果要打印使用情况视图,例如"**资源使用情况**"或"**任务使用情况**"视图,可以使用"**文件**"选项卡的"**打印**"命令,单击"**页面设置**"超链接,可将打印输出的列和列总数添加到打印输出中。选择"**视图**"选项卡,若要打印表格底部的"**列总数**",应勾选"**打印列总计**"选项,列总数将出现在最后一页上。如果要打印日期范围,可以勾选"**打印日期范围内的值**"的"**打印行总计**"选项,将打印表的行总数添加到打印的表格中。

	Resource Name	Cost	Baseline Cost	Variance	Actual Cost	Remaining
1	Laborer	$5,760.00	$0.00	$5,760.00	$0.00	$5,760.00
2	Painter	$5,760.00	$0.00	$5,760.00	$0.00	$5,760.00
3	Electrician	$6,720.00	$0.00	$6,720.00	$0.00	$6,720.00
4	Plumber	$6,240.00	$0.00	$6,240.00	$0.00	$6,240.00
5	Surveyor	$1,700.00	$0.00	$1,700.00	$0.00	$1,700.00
6	Contracting Specialist	$4,560.00	$0.00	$4,560.00	$0.00	$4,560.00
7	Architect	$3,100.00	$0.00	$3,100.00	$0.00	$3,100.00
8	Roofer	$0.00	$0.00	$0.00	$0.00	$0.00
9	Carpenter	$0.00	$0.00	$0.00	$0.00	$0.00
10	Landscaper	$0.00	$0.00	$0.00	$0.00	$0.00

资源表

步骤

查看资源成本：

1. 切换到"**资源工作表**"视图，单击"**视图**"选项卡。
2. 单击数据组中的表格按钮。
3. 从下拉菜单中选择费用，将垂直拆分栏尽可能向右拖动，然后滚动查看成本信息。选择"**文件**"选项卡和"**打印**"命令，显示打印的部分。单击"**页面设置**"超链接，单击"**视图**"选项卡，放大页面上的最后一行。

请注意，最后一行显示的是"**29 Landscaping**"的任务信息，勾选"**打印列总计**"选项，然后单击"**确定**"按钮关闭对话框。

请注意，第 2 页有一个新的标有列总计的"**总计**"行。

最后关闭"**打印预览**"窗口。

6.4 查看任务成本

概念

Microsoft Project 提供了以下几种方法来查看项目的成本信息。当将"**成本**"表应用于甘特图时，可以查看每个任务的"**固定成本**""**固定成本应计费用**""**总成本**""**基准成本**""**方差**""**实际成本**"和"**剩余**"字段的"**成本信息**"。下表详细描述了这些字段：

领域	描述
固定成本	无论任务的持续时间或分配给它的资源如何,成本都保持不变
总成本	任务的总计划费用
固定成本应计费用	固定成本计算方法。默认是按比例分配的,但用户也可以选择开始或结束
基准成本	一项任务计划的总成本
方差	基准成本与计划(总计)成本之间的差额。一旦保存了项目基线,负方差数表示成本低于预算,正方差数表示成本超出预算
实际成本	任务实际承担的总成本
剩余	按计划完成任务所需的总成本

查看成本

查看任务成本

基于项目中的具体位置,其中一些字段可能不反映信息。例如,除非保存项目基线,否则"**基准**"字段将不会显示。

 步骤

查看任务成本,切换到"**甘特图**"视图:

1. 单击"**视图**"选项卡。

2. 单击"**数据**"组中的"**表格**"按钮。

3. 从下拉菜单中选择"**Cost**"。

4. 将垂直拆分栏尽可能向右拖动,然后滚动查看成本信息。

6.5 为单个任务分配固定成本

概念

为单个任务分配固定成本,意味着任务的总成本和资源成本不会对其造成影响。该任务不需要分配资源,因为资源成本与任务成本无关。但是,为了进行调度,可能仍需要为该任务分配资源,然后将资源的成本字段设为"$0.00"。管理费用通常作为固定成本输入项目。

如果除资源成本外还有固定成本,可以在"**固定成本**"字段中输入,然后将固定成本和资源成本相加即为任务的总成本。

步骤

为任务分配固定成本时,如有必要,请切换到"**甘特图**"视图并应用"**成本**"表格样式。

1. 根据需要滚动,然后单击"**25 Security System**"任务的"**固定成本**"字段。
2. 输入"**2000**"。
3. 按"**Enter**"键。

实践概念:为"**31Cabinets**"分配"**5 400 美元**"的固定成本。

6.6 为单个任务分配成本资源

概念

成本资源独立于任务的工作量或持续时间。成本资源通过任务分配成本项,为任务应用成本提供了一种方法。

成本资源的价值不取决于任务完成的工作量。与固定成本不同,可以对任务应用任意量的成本资源。

步骤

1. 在"**视图**"选项卡中单击"**甘特图**"。
2. 在"**任务名称**"字段中,选择要为其分配资源的任务。
3. 单击"**分配资源**"。
4. 在"**资源名称**"字段中,单击要分配的成本资源的名称。

在"**成本**"字段中,输入代表成本资源金额的值。分配给不同任务的单个成本资源可以具有不同的成本值。例如,一个名为"**Travel**"的单个成本资源,被分配给两个不同的工作资源,则对于不同的旅行城市会分配不同的成本值。

成本资源

6.7 重新计划未完成的工作

概念

项目并不总是按计划进行,如果工作未及时完成,可以为未完成的工作重新确定日程。可以通过拆分任务来手动重新安排工作,也可以让 Microsoft Project 重新安排未完成的工作。

当 Microsoft Project 重新安排一项任务时,会在状态日期或指定日期之后重新计划未完成的工作。可以让程序重新安排整个项目的未完成工作,或仅对所选任务重新安排。

如果使用状态日期来重新安排工作,则可以通过"**选项**"对话框中的"**计算**"页面来选择如何处理已完成的工作,在状态日期之后完成的工作也可以移回到状态日期,而状态日期之前完成的工作也可以移动到状态日期。

步骤

要为特定任务重新安排未完成的工作:

1. 选择所需的任务。
2. 选择"**项目**"选项卡。
3. 指向"**状态**"组。
4. 选择"**更新项目**"命令。
5. 选择"**重新安排未完成的工作**"选项。
6. 在"**重新安排未完成的工作**"中键入日期,以便在此日期时开始。
7. 选择"**所选任务**"选项,重新安排所选任务的工作。

8. 选择"**确定**"按钮。

关闭打开的文件而不保存。

6.8 复习及练习

1. 定义与项目有关的可变成本。

2. 定义与项目相关的固定成本。

3. 每个资源类型的每次使用成本的计算方式不同,对吗?(　　)

    a. 正确

    b. 错误

4. 为任务分配固定成本时,这意味着知道任务的总成本和资源成本不影响任务,对吗?(　　)

    a. 正确

    b. 错误

第 7 课

处理项目基线

在本节中,您将学会:
- 保存项目基线
- 查看项目基线
- 更新项目基线
- 清除项目基线

7.1 使用项目基线

概念

项目策划一旦包含时间表草案、分配的资源和已批准的预算草案,就可以设定"**基线**"。基线是被批准的计划,用作衡量绩效。

基线是用于通过将项目进度与当前时间表进行比较来跟踪项目进度的预定日期、成本和工作数据的副本。通常是项目开始工作之前的最终计划的副本。在开始输入实际数据之前,必须创建基线副本。输入实际数据即正在记录计划的执行情况,其不能再反映原始计划。

保存基线时,将用当前日期、工作和成本数据与项目的实际进度进行比较。在决定最终基线之前,参与项目的每个人都应该知道他们的预期,并同意按照计划执行。此外,还应获得所需资源的必要批准。

7.2 保存项目基线

步骤

在"**Student 文件夹**"中打开"**8New House. mpp**"文件:

1. 在"**项目**"选项卡的"**日程**"组中,单击"**设置基线**"图标。

第 7 课　处理项目基线

设置基线按钮

2. 选择"**设置基线…**",在"**设置基线**"对话框中,选中"**设置基线**"单选按钮,然后在列表中选择"**基线**"。在"**范围**"中,选择"**完整项目**"。

3. 单击"**确定**"按钮。

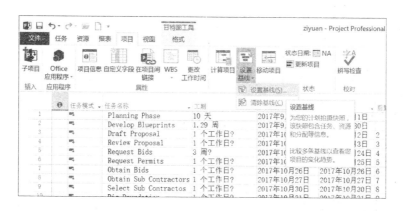

设置基线选项

设定整个项目的基线

7.3 查看项目基线

概念

"**甘特图**"视图中通常不能看到基线,但仍有很多方法能查看基线。

步骤

1. 单击"**视图**"选项卡,在"**任务视图**"组中,单击"**甘特图**"图标,然后选择"**跟踪甘特图**"视图。

跟踪甘特图视图

2. 在"**格式**"选项卡的"**条形图**"组中,单击"**基线**"图标,然后选择"**基线**"。

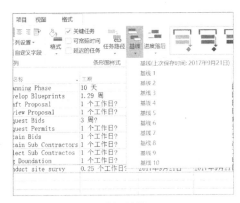

选择基线

第 7 课 处理项目基线

[甘特图表格图像]

3. "**甘特图**"中的灰度颜色条表示基线。
4. 若要查看捕获的"**基线**"信息,可更改表格项目。
5. 在"**视图**"选项卡的"**数据**"组中,单击"**表格**"按钮。

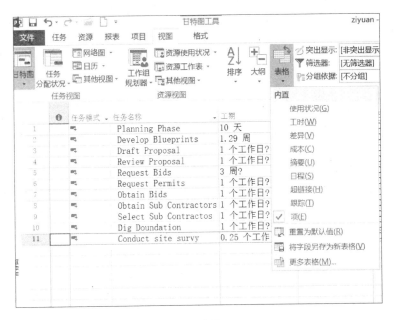

更改表格

6. 选择"**成本**"。这时表格显示成本信息,其位于"**基线成本**"列。
7. 选择"**工作**"。这时表格基线工作列显示"**成本**"信息和"**基线工作**"信息。

7.4 更新项目基线

概念

当对原始计划进行更改时,可以更新项目的基线,用新信息覆盖当前的所有数据。

步骤

1. 在"**计划**"组的"**项目**"选项卡中单击"**设置基线**"。
2. 选择"**基线**",该基线保留了时间和时间。
3. 由于基线更改是针对整个项目,故应选择"**整个项目**"。
4. 单击"**确定**"按钮。

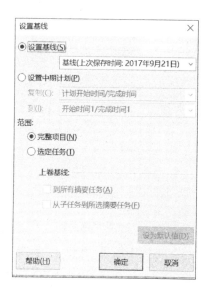

设置基线对话框

7.5 清除项目基线

概念

保存基线数据后,此数据可用于比较。如果需要,可以清除基线并保存。如果计划将已完成的项目作为未来项目的基础,可能需要清除基线数据。

可以清除整个项目或特定任务的基线信息,也可以根据需要清除临时计划中保存的日期。

步骤

1. 在"**计划**"组的"**项目**"选项卡中单击"**设置基线**"图标。
2. 选择"**设置基线**"。
3. 根据需要选择"**清除基线计划**"或"**清除中期计划**"。
4. 单击"**确定**"按钮。

清除基线对话框

7.6 显示当前的项目策划和基线

步骤

1. 在"**属性**"组的"**项目**"选项卡中,单击"**项目信息**"图标。
2. 打开"**项目信息**"对话框。
3. 点击窗口左下方的"**统计信息…**"按钮。

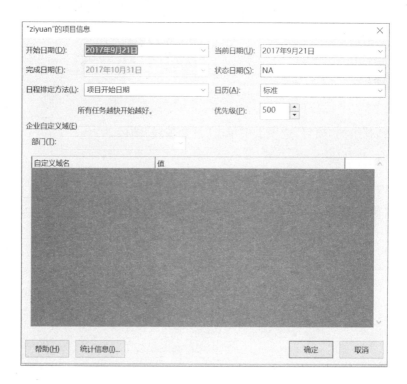

项目信息对话框

4. 打开"**项目统计**"对话框,其中显示了项目启动、预计完成、预计期限、预计工作量和预计成本等方面与基线相比的整体项目进展情况。
5. 点击"**关闭**"按钮关闭窗口(也可以自定义快速访问工具栏以包含"**项目统计**"

按钮)。

6. 关闭文件而不保存。

7.7 复习及练习

1. 一旦批准的项目策划包括以下哪个选项时,在项目中将设置基线。(　　)

    a. 时间表草案

    b. 分配的资源

    c. 批准的预算

    d. 以上所有

2. 基线可以在正常的甘特图视图中看到,对吗?(　　)

    a. 正确

    b. 错误

3. 基线设置一旦成功,就不能改变,对吗?(　　)

    a. 正确

    b. 错误

第 8 课
跟踪项目进度

在本节中,您将学会:
- 设置跟踪项目
- 使用完成百分比更新项目进度
- 通过实际完成的工作和剩余要完成的工作来更新项目进度
- 更新含有完成工作小时数的项目进度
- 查看整体项目进度

第 8 课　跟踪项目进度

8.1 设置跟踪项目

💡 概念

在计划得到批准和基线设定之后,下一阶段是项目的执行和控制阶段,以确保项目目按计划和预算完成。

在将项目进度信息更新之前,必须在 Microsoft Project 里设置"**跟踪**"。

8.2 使用完成百分比更新项目进度

💡 概念

记录已完成的特定任务的百分比。

在"**Student 文件夹**"中打开"**8 New House. mpp**"文件。

方法一:
单击"**任务**"选项卡。在"**计划**"组中,单击"**100％**"图标。

100％按钮

100%进度更新

方法二：

在"**追踪甘特图**"视图中选择"**任务 ID 2 – Conduct Site Survey**"。在"**完成%**"列中输入"**100%**"，表示任务已完成。

8.3 应用进度线

概念

实现项目进度的可视化，即在甘特图上显示进度线。

Microsoft Project 提供了许多方法用以查看项目的进度。除了不同视图外，还可以在甘特图上显示进度线。进度线连接正在进行的任务，并包含波峰，说明任务是否落后或超前。

如果波峰偏向左侧，那么任务就落后于计划。

如果波峰偏向右侧，那么任务就提前于计划。

进度线

应用进度线时，可以在"**项目信息**"对话框中显示当前日期或状态日期。项目状态日期可以是为检查进度而指定的任何日期，可以指定在特定日期或周期性间隔中显示进度线，也可以显示与实际计划或基线计划相关的进度线。

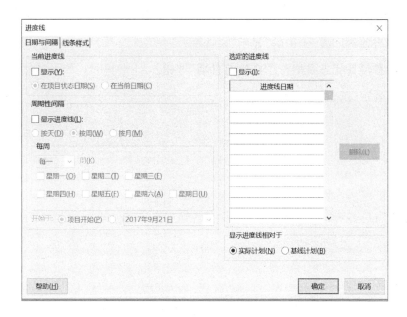

进度线对话框

步骤

申请进度线：

1. 切换到"**甘特图**"视图。
2. 单击"**甘特图工具**"的上下文选项卡中的"**格式**"选项卡。
3. 单击"**格式**"组中"**网格线**"按钮右侧的小箭头。
4. 选择"**进度线**"命令。

网格线按钮

5. 选择"**日期与间隔**"选项卡。

6. 勾选"**当前进度线**"组中的"**显示**"复选框。

7. 勾选"**在项目状态日期**"或"**在当前日期**"选钮。

8. 选择"**确定**"按钮。

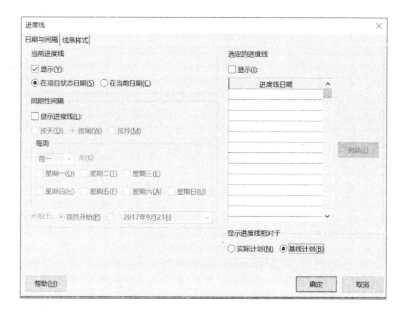

进度线对话框

删除进度线：

1. 切换到"**甘特图**"视图。

2. 单击"**甘特图工具**"的上下文选项卡中的"**格式**"选项卡。

3. 单击"**格式**"组中"**网格线**"按钮右侧的小箭头。

4. 选择"**进度线**"命令。

5. 选择"**日期与间隔**"选项卡。

6. 取消选中"**当前进度线**"组中的"**显示**"复选框。

8.4 复习及练习

1. 应用进度线时,只能查看当前日期,对吗?(　　)

   a. 正确

   b. 错误

2. 可以显示与实际计划或基线计划相关的进度线,对吗?(　　)

   a. 正确

   b. 错误

第 9 课

评估和分发数据

在本节中,您将学会:
- 创建报表
- 使用打印预览窗口
- 更改页面设置选项
- 打印报告

9.1 创建报表

概念

Microsoft Project 提供了各种可用于查看和分发项目信息的报表,有以下类别:概述、当前活动、成本、作业、工作量和自定义。

概述类别提供反映整个项目摘要信息的报表,如汇总任务和工作时间。当前活动类别提供了包含各种任务信息,如任务即将开始、进行、完成的报告。成本类别包含反映各种成本信息的报表,例如过度预算任务和资源。作业类别提供包含资源分配信息的报表,例如谁执行什么、何时执行以及分配的资源。工作量类别提供两种类型的报表:任务使用率和资源使用情况。自定义类别允许创建自定义报表,以反映需要的具体信息。

步骤

创建报告:

在"**Student 文件夹**"中打开文件"**8 NewHouse.mpp**"。

1. 单击"**报表**"选项卡。

报表选项卡

2. 单击"**自定义**"选项卡。
3. 单击"**更多报表**"。
4. 单击"**成本**"。
5. 单击"**现金流量**"。
6. 单击"**选择**"按钮。

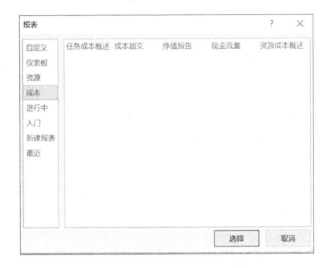

报表对话框

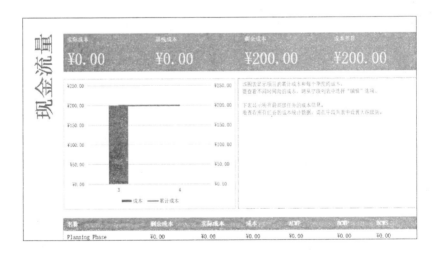

现金流量报表

9.2 更改页面设置选项

概念

在打印报告之前,可能需要对页面设置进行一些更改。创建报告时,它会自动显示在打印预览窗口中,也可以手动打开此窗口。在打印预览窗口中可以查看需要更改的页面设置。

可以更改方向和边距,以及添加标题和(或)页脚。标题是出现在每个打印页面顶部的文本,页脚是出现在每个打印页面底部的文本。可以输入文本,也可以输入代码来打印当前日期、时间、文件名或页码。此外,也可以根据需要将项目级别字段(例如完成的百分比)添加到页眉或页脚。

页面设置对话框

步骤

更改页面设置选项:

1. 单击"**文件**"选项卡。
2. 单击"**打印**"选项卡。

打印后台视图

3. 单击"**页面设置**"。
4. 如有必要,单击"**横向**"选项卡。
5. 在"**纸张尺寸**"框中,选择"**A4**"。
6. 单击"**边距**"选项卡。
7. 如果需要,可以更改"**顶部**""**底部**""**左侧**"和"**右侧**"边距。
8. 单击"**页脚**"选项卡。

9. 单击"**右**"选项卡。

10. 单击"**常规**"选项卡。

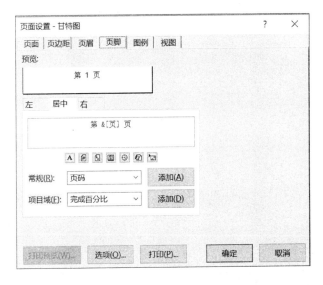

页面设置对话框

11. 根据需要滚动,然后单击"**项目当前日期**"选项卡。

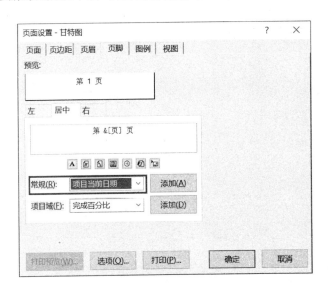

常规选项下拉菜单

12. 单击"**常规**"选项旁边的下拉菜单。

13. 单击"**确定**"按钮。
14. 单击"**页脚**"中的日期进行放大，并在打印预览窗口中打开报告。

9.3 打印报告

概念

创建报告、预览并更改页面设置选项后便可以打印。报告打印后可作为副本保存或分发给他人。

步骤

打印整个报告：

如有必要，请创建"**成本**"类别中的"**现金流量**"报表，并在"**打印预览**"窗口中查看。

1. 单击"**文件**"选项卡。
2. 单击"**打印**"选项卡。
3. 单击"**打印**"按钮。

打印报告的多个副本：

1. 单击"**文件**"选项卡。
2. 单击"**打印**"选项卡。
3. 在"**份数**"框中输入份数。
4. 单击"**打印**"按钮。

在报告中打印特定页面：

1. 单击"**文件**"选项卡。
2. 单击"**打印**"选项卡。
3. 在"**设置**"中选择"**打印特定页面**"。
4. 使用"**开始页面**"和"**结束页面**"框选择页面。

提示：可以使用快捷键"**Ctrl＋P**"开始打印。

9.4 显示、隐藏完成的百分比

概念

Microsoft Project 2013 项目提供了一系列可以添加到视图中的列。可以隐藏或取消隐藏列以消除混乱，得到管理项目所需的正确信息。

步骤

隐藏列：

1. 转到甘特图或任何工作表视图。
2. 右键单击要隐藏的列的标题。
3. 单击"**隐藏列**"。

取消隐藏（显示）列：

1. 右键单击要显示新列位置右侧的列的标题。
2. 单击"**插入列**"。
3. 从长列表中选择列类型。

9.5 按选项打印

步骤

1. 在"**文件**"选项卡中单击"**打印**"。
2. 单击"**页面设置**"。
3. 单击"**视图**"选项卡。
4. 若要打印所有工作表列，请选中"**打印所有表列**"复选框。

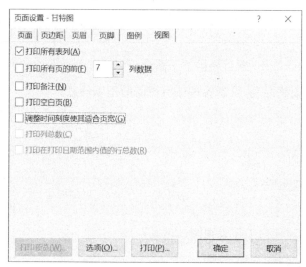

打印所有表列复选框

5. 要打印指定数量的列，请先选中打印前**"插入所需数量"**列数据，然后输入所需数字。

打印指定数量的列

6. 选中**"打印备注"**复选框以打印备注。

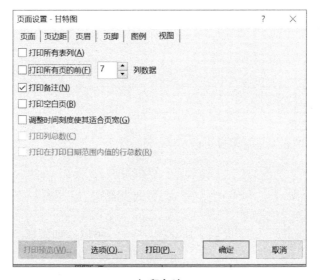

打印备注

7. 单击**"确定"**按钮。

9.6 预览甘特图、网络示意图或报告

步骤

预览甘特图、网络示意图或报告：

1. 单击"**文件**"选项卡。
2. 单击"**打印**"按钮。
3. 用户将看到所选内容的预览。

9.7 复习及练习

1. 列出可以选择的四类报告。

   _____

   _____

   _____

2. 在打印报告之前，可能需要更改（　　）选项。

   a. 甘特图　　　　　　　　b. 资源分配

   c. 网络示意图　　　　　　d. 页面设置

3. Microsoft Project 2013 提供了广泛的（　　），可以添加到视图。

   a. 表　　　　　　　　　　b. 列

   c. 图表　　　　　　　　　d. 基线

ICDL 教学大纲

参考	任务项目	位置
1.1.1	了解"项目"这一术语	1.1 项目和项目管理
1.1.2	识别项目管理的主要内容,如:规划项目、管理时间表、沟通项目信息	1.1 项目和项目管理
1.1.3	了解使用项目管理应用的优势,如:高效的项目设计、简便的项目策划维护、有效的活动展示、易于监控和报告	1.2 项目管理应用程序
1.1.4	了解项目管理应用的工具和功能,如:甘特图、网络图、工作分解结构	1.3 项目管理应用程序的工具和特点
1.1.5	认识到管理项目涉及工作、时间、资源和成本之间的平衡	1.1 项目和项目管理
2.1.1	打开、关闭项目管理应用。打开、关闭项目	1.4 启动/结束 Microsoft Project 2013 1.15 关闭一个项目
2.1.2	将项目保存至驱动器上的某个位置。将项目重命名并保存至驱动器上的某个位置	1.8 创建和保存新的项目
2.1.3	将项目保存为另一种文件类型,如:模板、网页、电子表格、CSV、XML、文本文件、pdf。在项目视图模式之间切换	1.8 创建和保存新的项目
2.1.4	甘特图、网络图	1.13 在项目视图中变更
2.1.5	使用放大/缩放工具	1.14 使用放大/缩放工具
2.2.1	使用默认模板、其他可用模板创建一个新项目	1.8 创建和保存新的项目
2.2.2	了解从开始日期开始计划时,完成日期会如何影响项目策划	1.8 创建和保存新的项目
2.2.3	输入开始日期或完成日期、调度选项和项目属性(如项目名称、项目经理)等基本项目信息	1.9 定义一个新的项目和项目信息

(续表)

参考	任务项目	位置
2.2.4	设置日历选项,如:基准日历、工作时间、非工作时间	1.10 定义项目工作时间
3.1.1	创建、更改任务	2.1 输入任务 3.1 插入一个新的任务
3.1.2	创建、移动、删除任务	3.1 插入一个新的任务
3.1.3	创建、更改、查看子任务和摘要任务	3.5 创建、修改和查看子任务和汇总任务
3.1.4	了解任务持续时间选项:实耗时间、持续时间、人工量投入、估算持续时间	2.1 输入任务
3.1.5	设置、修改任务持续时间	2.2 编辑任务
3.1.6	分割任务	2.3 拆分任务
3.1.7	了解"里程碑"这一术语	2.4 进入一个里程碑
3.1.8	创建项目里程碑	2.4 进入一个里程碑
3.1.9	创建、更改复发性任务	2.5 进入一个复发性任务
3.2.1	理解任务之间的逻辑关系: 完成-开始、开始-开始	4.1 调度任务
3.2.2	创建、修改、删除任务之间的逻辑关系: 完成-开始、开始-开始	4.1 调度任务 4.2 链接任务
3.2.3	了解术语"提前时间"、"滞后时间"	4.7 设置一个任务滞后
3.2.4	添加、编辑任务的提前时间、滞后时间	4.7 设置一个任务滞后
3.3.1	了解任务约束条件选项,如:尽可能晚、尽可能快、必须完成于、必须开始于	4.9 应用、修改和删除约束
3.3.2	添加、修改、删除任务的约束条件	4.9 应用、修改和删除约束
3.3.3	了解"截止日期"这一术语	4.11 设定一个截止日期
3.3.4	创建一个截止日期	4.11 设定一个截止日期

(续表)

参考	任务项目	位置	
3.4.1	添加、编辑、删除任务注释	3.6	添加、编辑、删除任务的注释
3.4.2	插入、编辑、删除任务超链接	3.9	为另一个文件夹创建一个超链接
4.1.1	识别资源类型,如:人工、材料、设备	5.1	创建工作、材料和成本资源
4.1.2	了解持续时间、工作和资源之间的关系。了解如某个元素发生变化,则会对其他元素造成影响	5.3	为任务布置资源
4.1.3	创建、删除资源。修改资源详情,如:名称、类型、单位、费率	5.1	创建工作、材料和成本资源
4.1.4	添加、删除、替换资源分配和相关单位	5.3	为任务布置资源
4.2.1	了解术语"固定成本"、"可变成本"	6.1	定义成本
4.2.2	分配、修改固定成本	6.5	为单个任务分配固定成本
4.2.3	分配、修改可变成本	6.2	分配标准费率
5.1.1	了解术语"关键任务"、"关键路径"	4.13	确定关键任务
5.1.2	识别关键任务并显示关键路径	4.13	确定关键任务
5.2.1	创建、保存、清除基线	7.1 7.2	使用项目基线 保存项目基线
5.2.2	显示、隐藏进度线	8.3	应用进度线
5.2.3	显示、隐藏栏,如:完成百分比、固定成本、截止日期	9.4	显示、隐藏完成的百分比
5.2.4	排序、筛选任务	2.8	分类和筛选任务
5.2.5	升级任务进度	8.2	使用完成百分比更新项目进度
5.2.6	重定未完成工作的进度	6.7	重新计划未完成的工作

(续表)

参考	任务项目	位置
5.2.7	显示当前项目进度计划和基线	7.6 显示当前的项目策划和基线
6.1.1	更改页面方向:纵向、横向。更改纸张尺寸	9.2 更改页面设置选项
6.1.2	更改页边距:顶部、底部、左、右	9.2 更改页面设置选项
6.1.3	准备甘特图和网络图,以便按选项打。选项如:需打印的列、注释	9.5 按选项打印
6.2.1	预览甘特图、网络图、报告	9.6 预览甘特图、网络示意图或报告
6.2.2	使用安装的打印机按照输出选项打印甘特图、网络图、报告。选项如:整个文档、特定页面、打印份数	9.3 打印报告

恭喜！您已经完成了 ICDL 项目策划课程的学习。您已经了解了有关项目策划软件的一些技能,包括:

- 有关管理项目的重点概念。
- 使用项目管理应用程序创建新项目并维护现有项目。
- 创建和调度任务。
- 添加项目约束和最后期限。
- 分配成本。
- 创建和分配资源到任务。
- 查看关键路径、监控进度并重新安排工作。
- 准备和打印输出,包括图表和报告。

达到这一学习阶段后,现在应该准备好进行 ICDL 认证测试了。有关进行测试的更多信息,请联系 ICDL 测试中心。